SOCIÉTÉ POUR LA DÉFENSE DU COMMERCE
DE MARSEILLE

LES CLAUSES

DE

CONNAISSEMENTS

RAPPORT présenté au nom de la Commission spéciale

Par M. Henri TURCAT

RAPPORTEUR

PRÉSIDENT DE LA COMMISSION

22 Octobre 1895

MARSEILLE

TYPOGRAPHIE ET LITHOGRAPHIE BARTHELET ET Cie
19, Rue Venture, 19
—
1895

118

SOCIÉTÉ POUR LA DÉFENSE DU COMMERCE
DE MARSEILLE

LES CLAUSES

DE

CONNAISSEMENTS

RAPPORT présenté au nom de la Commission spéciale

Par M. Henri TURCAT

RAPPORTEUR

PRÉSIDENT DE LA COMMISSION

22 Octobre 1895

MARSEILLE

TYPOGRAPHIE ET LITHOGRAPHIE BARTHELET ET Cⁱᵉ

19, Rue Venture, 19

1895

SOCIÉTÉ POUR LA DÉFENSE DU COMMERCE DE MARSEILLE

Séance de la Chambre Syndicale du 22 Octobre 1895

M. Turcat, Président de la Commission spéciale (1) et Rapporteur, donne, au nom de la Commission, lecture du rapport suivant sur **Les Clauses de Connaissements**.

Messieurs,

Sous ce titre, nous avons à traiter une question déjà ancienne et qui a fait l'objet des préoccupations d'un grand nombre de commerçants de toutes classes, de Syndicats, de Chambres de Commerce, réunions d'armateurs, d'assureurs, des personnes enfin qui, à un titre quelconque, transportent des marchandises

(1) Cette Commission, nommée par la Chambre syndicale, dans sa séance du 10 mai 1895, était composée de MM. H. Turcat, président-rapporteur, E. Baron, A. Bérard. E. Bizard, J. Bourgogne, F. de Chomel, P. Desbief. P. Cyprien Fabre, A. Fraissinet, E. Fulcrand, A. Gabelle. A. Graffin, L. Jeansoulin, E. Meynadier, L. Richard, E. Rocca, E. Salles.

par mer, en chargent, en reçoivent ou en assurent la valeur contre les risques de transport.

Cette question, sur laquelle, du reste, le Ministre du Commerce a demandé, à la date du 20 mars dernier, l'avis des Chambres de Commerce, vous a paru mériter l'attention de votre Chambre syndicale, et vous avez nommé, à cet effet, une Commission spéciale du mandat de laquelle nous avons à vous rendre compte.

Vous savez tous, Messieurs, que l'armement maritime n'était pas, il y a un demi-siècle, ce qu'il est aujourd'hui. Les grands navires à vapeur qui sillonnent les mers et les Compagnies qui en sont propriétaires n'existaient pas.-Il y avait des voiliers d'un plus ou moins fort tonnage qui effectuaient ce qu'on appelle, et surtout ce que l'on appelait à cette époque, à juste titre, le long cours. Ces navires restaient quelquefois trois ans sans revenir à leur port d'attache ; ils étaient commandés par un capitaine qui, souvent, en était en même temps l'armateur ou y était intéressé pour une forte part. On conçoit aisément que, dans ces conditions, on pouvait dire que lui seul était maître à bord. Le navire formait réellement une famille, une maison, presque une patrie, dont il était le chef, dont il était, on l'a dit souvent, le seul maître après Dieu.

Le connaissement était, à cette époque, simplement ce que l'oblige à être l'Art. 281 du Code de Commerce, nous pourrions dire ce que l'Art. 281 lui permet d'être. Il indiquait la nature, la quantité et les marques des objets remis au capitaine, le nom du chargeur, celui du destinataire, le nom du capitaine, le nom du navire, le lieu du chargement et celui de la destination, ainsi que le prix du fret.

C'est ce connaissement, conforme à la loi, qui est venu jusqu'à nos jours et que nous retrouvons sans aucune addition de conditions imprimées à une date qui n'est pas encore bien éloignée de nous. Votre Commission a eu sous les yeux un type de connaissement qu'elle annexe au dossier ; il est daté du 20 mars 1884 et dit : « Je, N..., capitaine du navire nommé S..., à présent devant « P..., pour, du premier temps convenable, suivre son voyage, « sous la garde de Dieu, jusqu'au devant de la ville de Marseille, « là où sera ma décharge, DÉCLARE AVOIR REÇU dans mon dit « bâtiment et sous le franc tillac d'icelui, de vous, M. N..., telle » et telle marchandise, marquée comme ci-contre, le tout plein, « bien condilionné et marqué de la marque ci-contre, promets « de livrer en même forme, sauf les périls et fortunes de mer, « à M. J..., en me payant pour mon fret la somme de... »

Nous retrouvons, presque à la même époque, à peu près la même forme de connaissement dans une colonie anglaise, aussi dans l'Inde : ce connaissement dit : « Chargé en bon ordre et bien « conditionné par M. N..., dans le bon navire appelé X..., dont « le capitaine pour ce présent voyage est S... et maintenant à « l'ancre dans la rade de... en charge pour Marseille, telle et « telle marchandise, marquée et numérotée comme en marge, « pour être délivrée dans les mêmes bon ordre et conditions au « dit port de Marseille (l'acte de Dieu, des ennemis de la Reine, « le feu, et tous les autres dangers, accidents de la mer, rivières

« et navigation de quelque nature ou espèce qu'elles soient, sont
« exceptés) nous payant le fret de.... »

Plus tard, arrivent les bateaux à vapeur, et avec les bateaux à
vapeur les Compagnies qui les exploitent, les lignes régulières, la
multiplicité des escales, la division à l'infini du chargement ;
Comme conséquence, chaque bateau à vapeur nécessite une
grande quantité de connaissements et les Compagnies commen-
cent à faire faire des imprimés avec leur en tête et à y introduire
quelques clauses ayant naturellement pour but de leur assurer
diverses facultés ou permissions et de les exonérer de certaines
responsabilités.

Nous avons eu sous les yeux deux formes de connaissements
de bateaux à vapeur français dont un appartenant à une de nos
plus anciennes Compagnies marseillaises. Il est daté du 4 mai 1876.
La seule clause de non responsabilité que nous y trouvons est
celle relative à la rupture des objets fragiles, du coulage des
liquides, du poids, du contenu, de la mesure et de la valeur des
colis. Cette irresponsabilité est stipulée en faveur du capitaine :
mais nulle part les armateurs ne stipulent encore leur irresponsabilité pour les fautes du capitaine.

Cependant, le mouvement maritime grandit toujours ; les lignes
de bateaux à vapeur se multiplient ; avec elles, la concurrence
devient plus âpre ; on baisse les prix de fret et, pour cela, il faut
diminuer les frais généraux. On diminue le nombre d'officiers et
d'hommes d'équipage et on augmente leurs charges. Les opéra-
tions d'arrimage, d'embarquement et de débarquement sont
confiées à des entrepreneurs choisis par l'armateur ; le travail de
pointage et d'écritures du bord est fait à terre à la Direction ou

dans les agences par les employés spéciaux de l'armateur. On commence à donner beaucoup moins de soins à la marchandise et à son arrimage, car, avant tout, il faut aller vite ; les avaries et les manquants se produisent. Les procès en responsabilité naissent, et, à chaque condamnation, les armateurs, qui ont en mains cette tentation de la clause imprimée du connaissement, ajoutent une clause pour se soustraire aux diverses responsabilités dont ils viennent de faire l'expérience. Les armateurs anglais surtout cherchent de bonne heure à s'affranchir de toute responsabilité. Ils sont suivis par les Compagnies françaises, et, d'encore en encore, nous en arrivons à la forme du connaissement anglais adoptée universellement par tous les armateurs, sur toutes les mers et qui s'appelle l'*Eastern Trade Bill of Lading*. Cet imprimé en arrive à être d'une longueur considérable et, à cause de cette longueur, les clauses sont imprimées en si petits caractères qu'il n'est pas au pouvoir de tout le monde d'être capable de les lire. Votre Commission en a eu deux sous les yeux qui contiennent la même clause avec une légère variante. L'une dit : « Jet à la mer, « baraterie, malveillance, erreur de jugement, négligences ou « fautes du pilote, capitaine, matelots ou mécaniciens ou toutes « autres personnes au service de la Compagnie, soit dans la « conduite du navire, soit autrement, sont exceptées. »

La seconde, beaucoup plus connue à cause des nombreux jugements et arrêts qui, en ces derniers temps, ont eu à en connaître : « Jet à la mer, baraterie, dommages, erreurs de jugement, tous « actes, négligences ou faute quelconque des pilotes, capitaine ou « de l'équipage dans l'administration (management) ou la con- « duite du navire sont exceptés ».

Enfin, nous en avons trouvé une troisième qui a été imprimée récemment à Liverpool et que nous avons vu employer il y a peu de temps à Marseille par un des plus importants consignataires de vapeurs anglais.

Dans ce connaissement, qui n'a pas moins de 70 lignes à 130 lettres par ligne, soit environ 6 pages d'écriture manuscrite courante, on a cherché à perfectionner encore ce qui se trouve dans l'*Eastern Trade Bill of Lading*. Il faudrait pouvoir traduire en entier ce curieux document. Contentons-nous de ce passage essentiel : « Jet à la mer, rivière et canal, navigation de quelque « nature ou de quelque espèce que ce soit, et que ces périls « causent aux choses, arrivent ou non de tous actes, négligence, « défaut, erreur de jugement quelconque des pilotes, capitaine, « mécaniciens ou équipage dans la navigation, ou l'Administra- « tion du navire, ou de tous autres navires appartenant à la Com- « pagnie, arrimeurs, employés ou agents de l'armateur ou toutes « personnes pour la conduite desquelles l'armateur serait autre- « ment responsable.... sont exceptées.

On le voit, l'irresponsabilité est complète : on donne sa marchandise à quelqu'un qui s'oblige à vous la transporter ; on s'oblige, en retour, à lui payer un prix de transport, mais il n'y a que cette dernière obligation qui subsiste, les autres sont complètement effacées par les clauses du connaissement. L'on n'a plus en mains qu'un chiffon de papier sans aucune valeur.

Nos Compagnies françaises ne sont pas moins explicites dans leurs stipulations de non responsabilité : on les retrouve sous des

formes diverses dans tous les connaissements des grandes Compagnies maritimes et elles peuvent se résumer dans l'art. 3 ci-
après du connaissement de la Société générale des Transports
maritimes à Marseille : « La Compagnie ne répond pas des bara-
« teries, fautes ou négligences des capitaines, pilotes, marins,
« mécaniciens, chauffeurs et de toutes autres personnes embar-
« quées à bord du navire, à quelque titre que ce soit, que ces
« fautes ou négligences interviennent pendant la navigation où
« dans les ports, dans la direction ou la manœuvre et la conduite
« du navire ou dans l'exploitation commerciale. »

Nous voilà bien loin du connaissement de nos pères, bien loin
du connaissement tel que le prévoit le Code de Commerce, articles
281 à 285. Le résultat de ces modifications ne s'est pas fait atten-
dre. De nombreux procès ont eu lieu dans lesquels, il faut le
reconnaitre, nos Tribunaux de Commerce, et le Tribunal de Commerce de Marseille en tête, ont fait tout ce qu'ils ont pu pour juger
selon l'équité, c'est-à-dire pour rendre responsable l'armateur de
certaines fautes du capitaine. Quelques Cours d'Appel ont suivi
les Tribunaux de Commerce ; mais, d'autres, en plus grand nombre, ont décidé, à la suite de la Cour de Cassation, que les clauses
d'irresponsabilité n'avaient rien de contraire à l'ordre public et
aux bonnes mœurs, qu'ayant été librement consenties dans un
contrat de transport, elles faisaient la loi des parties, et nous en
sommes arrivés à l'état aigu où se trouve la question aujourd'hui.

Parmi les divers documents que votre Commission a eu à
examiner, se trouvent, outre la lettre très énergique de la Chambre
de Commerce de Cette, deux rapports remarquables, que nous
avons le devoir de mentionner dans le présent travail. L'un a été
présenté à la Chambre de Commerce d'Exportation dans sa séance
du 21 mars 1894 et l'autre à la Chambre des Négociants-commis-

sionnaires et du Commerce extérieur, le 5 février 1895. Ces deux rapports sont tellement complets et sont des œuvres d'une telle valeur qu'il nous serait difficile de ne pas, à certains moments, employer les mêmes expressions, presque les mêmes phrases qu'eux. Nous n'aurions eu la plupart du temps que peu de chose à y ajouter. Aussi avons-nous cherché à donner une autre forme à notre travail. Nous avons notamment tâché de citer des faits et de réfuter les objections que les armateurs ont fait valoir au sein de votre Commission.

Aux termes des articles 1382 à 1384 du Code civil, chacun est responsable du dommage qu'il a causé aux autres, non seulement par son fait, mais encore par sa négligence ou son imprudence, ou par le *fait des personnes dont il doit répondre :* on est responsable du dommage causé par ses domestiques et par ses préposés dans les fonctions auxquelles on les a employés. Cette disposition fondamentale de notre législation, puisqu'elle est dans le Code civil, suffirait seule à rendre l'armateur responsable des faits du capitaine et de ses autres agents; mais cette responsabilité est encore plus spécialement édictée par l'art. 221 et l'art. 216 du Code de Commerce. Il ne peut y avoir aucun doute : Le capitaine est responsable de ses propres fautes, car on n'a pas encore osé introduire dans les connaissements une clause qui l'en exonère complètement, et l'armateur est responsable des fautes du capitaine et de tous les agents qu'il emploie à un degré quelconque. C'est conforme au Code civil, au Code de Commerce, à l'équité et au bon sens. C'est là le droit commun : c'est ce que nous retrouvons à chaque pas dans la vie, dans les affaires. Est-ce qu'un banquier n'est pas responsable de son caissier ou de son garçon de recettes ? Si j'envoie faire un paiement de 100.000 francs par mon employé et que cette somme ne parvienne pas chez mon créancier, pourrai-je prétendre que je suis libéré de mon obligation ? Si je paie 100.000 francs à un encaisseur qui m'en donne reçu, est-ce que son mandant pourra refuser de me créditer de cette somme soùs prétexte que l'encaisseur aura été infidèle ou aura commis une erreur ? Evidemment non. Est-ce qu'un fabricant qui s'engage à livrer un produit à son acheteur, un constructeur qui s'engage à livrer une machine ou un navire pourraient stipuler qu'ils ne sont pas responsables des fraudes ou fautes de leurs contre-maîtres et ouvriers ? On n'oserait même pas proposer à autrui une irresponsabilité pareille. Ce serait absurde. Pourquoi donc les armateurs pourraient-ils sortir du droit commun et arriver à obtenir une situation légale entièrement différente de celle de chacun de nous ?

C'est cependant ce qui existe aujourd'hui. Grâce aux clauses des connaissements, que la jurisprudence actuelle des Tribunaux français a malheureusement reconnues valables et permises, les armateurs se réservent à l'avance le droit d'employer impunément un capitaine, des préposés, des ouvriers qui peuvent altérer, diminuer ou faire disparaître une marchandise qu'on leur a confiée et pour le soin et le transport de laquelle on leur paie une rémunération appelée fret qui constitue leur bénéfice. L'unique ou le principal motif de cette jurisprudence, c'est qu'il s'agit là d'une convention et que les conventions, quand elles ne sont pas contraires à l'ordre public, ni aux bonnes mœurs, font la loi des parties et doivent être respectées.

Cette argumentation est contestable à un double point de vue : Le connaissement est-il un contrat ? Les clauses incriminées ne sont-elles pas contraires à l'ordre public ?

Votre Commission n'a pas pensé que le connaissement fût à proprement parler un contrat. On a déjà beaucoup discuté sur cette matière et nous nous rangeons à l'opinion des adversaires de cette théorie. Il n'y a, pour s'en convaincre, qu'à relire l'article 281 du Code de Commerce et suivants, mais surtout l'art. 281

qui dit *ce que doit énoncer* le connaissement : il n'est question
nulle part de conditions et on pourrait prétendre à la rigueur que
l'on n'a pas le droit d'ajouter des conditions au connaissement,
puisque l'art. 281 ne le prévoit, ni ne l'autorise (1). Quand le
connaissement se signe, le contrat de transport a déjà été conclu
verbalement (ou par écrit, s'il y a charte-partie ou échange de cor-
respondance), et le connaissement n'est pour ainsi dire qu'un
commencement d'exécution du contrat de transport. C'est la cons-
tatation que le chargeur a rempli son obligation en remettant la
marchandise, et que le capitaine l'a reçue. Pour nous, le connaissement n'est qu'un reçu (2), et les clauses qui y ont été ajoutées
dénaturent complètement ce que le législateur a voulu en faire.
Le connaissement est une espèce de reconnaissance, de billet à
ordre (3). Au lieu de promettre que l'on paiera (que l'on délivrera)
à l'échéance un certain nombre de francs, l'armateur, par son
fondé de pouvoirs, que ce soit un capitaine ou tout autre agent ou
employé, reconnaît, sur un imprimé qui porte son nom, qu'il a

(1) Cette opinion a été celle de la Cour de cassation dans un arrêt rapporté
par M. Desjardins. n° 918, page 20, tome IV, de son traité du *Droit Commercial et Maritime* : « L'article 281 détermine d'une manière *limitative* les énon-
« ciations que le connaissement doit contenir. Or, aucunes d'elles n'a trait aux
« surestaries, donc si le capitaine fait exercer des réclamations de ce chef, il
« n'est pas nécessaire pour la conservation de son droit que sa prétention soit
« mentionnée sur le connaissement qui, n'étant que la *reconnaissance* des
« marchandises dont le capitaine se charge, n'est pas destiné à recevoir des
« mentions étrangères à ce chargement. »

(2) Le connaissement, dit Emerygon, est une reconnaissance que le capitaine donne des marchandises chargées dans le navire. — Quoiqu'il y ait une
charte-partie, ajoute le même auteur, il ne faut pas moins dresser un connaissement des marchandises chargées, car de ce que l'on a promis de charger
une telle quantité de marchandises dans un navire, il ne s'ensuit point que
l'on ait rempli l'engagement contracté. Valin s'était exprimé dans les mêmes
termes. (Desjardins, page 1, tome IV).

Le connaissement est la reconnaissance qui constate le chargement de la
cargaison. (*Dictionnaire Universel de Droit Maritime*, d'Aldrick Caumont,
page 511).

(3) Le connaissement, véritable lettre de change de l'Océan, se différencie
de la charte-partie, etc. (Aldrick Caumont, page 511.)

Le connaissement est une obligation signée et contractée par un capitaine
en faveur d'un commerçant. (Desjardins, page 33, tome IV.)

reçu un certain nombre de colis et promet de les délivrer (de les payer) à une échéance déterminée (qui est l'arrivée) à ordre ou au porteur ou à personne dénommée. Ce sont les termes de l'art. 281, lequel renvoie à l'art. 136 qui dit : « La propriété d'une lettre de change se transmet par la voie de l'endossement. » Par conséquent, le connaissement se transmet comme la lettre de change par voie d'endossement : il doit exprimer le nombre ou la quantité de marchandise que l'armateur ou son mandataire s'oblige à délivrer, et il ne devrait pas contenir autre chose. Toute énonciation autre que celles contenues dans l'art. 281 devrait être proscrite par la loi.

Se figure-t-on un billet à ordre au dos duquel seraient exprimées une foule de conditions permettant au souscripteur de ne pas payer le billet à l'échéance ? Ce serait tellement absurde que l'on ne peut même pas s'arrêter à cette pensée. Et, cependant, ce n'est plus une nouveauté, à notre époque où les questions d'économie sociale sont connues de tout le monde, que l'argent ou la marchandise sont absolument la même chose : que le commerce consiste dans des échanges et qu'il n'y a pas de différence entre celui qui doit 100.000 francs d'argent ou celui qui doit 100.000 francs de marchandise ; point de différence entre celui qui s'oblige à livrer 100.000 francs de marchandise ou celui qui s'oblige à livrer 100.000 francs d'argent. Donc, à notre avis, le connaissement est tout à fait vicié par l'addition de n'importe quelle conditions ; il ne devrait pas y avoir de conditions dans un connaissement et surtout de conditions permettant au souscripteur de cette valeur à ordre de s'affranchir de son paiement.

Ici se place tout naturellement cette observation qu'il n'y a pas d'assimilation possible entre la lettre de voiture et le connaissement, car la lettre de voiture ne peut pas être créée à ordre, ni transmise par voie d'endossement. Et cependant on n'a jamais ajouté de conditions imprimées sur les lettres de voiture.

Mais ce n'est pas seulement pour cela que le connaissement n'est pas un contrat. C'est encore, ainsi que beaucoup d'opinions autorisées l'ont prétendu, parce qu'il n'est pas librement consenti. Le chargeur qui le signe et qui ne se trouve jamais en présence du capitaine, mais seulement d'un agent dans une escale lointaine, ou encore en présence d'un simple commis employé dans les bureaux de l'armateur ou de son agent, ne peut pas en débattre les conditions. Il se trouve devant un imprimé qu'on lui tend à travers un guichet et qu'il est obligé d'accepter tel quel, sans aucune discussion, ou autrement on lui refuse sa marchandise. Et comme ordinairement il n'y a pas un autre vapeur auquel il puisse la donner, que bien souvent il se trouve en face d'une ligne subventionnée qui n'a pas de concurrence, que lorsqu'il y a concurrence il n'est pas plus avancé, car tous les armateurs se sont entendus pour demander et maintenir les clauses incriminées, il est parfaitement forcé d'accepter l'imprimé et de le signer, sous peine d'avoir à se retirer des affaires ou.... d'acheter un vapeur, ce qui n'est pas dans les moyens de tout le monde.

Ce qui se passe là est la lutte du fort contre le faible. Et, chose curieuse, c'est le faible qui est le nombre. Ce que nous défendons, en effet, et ce que nous demanderons aux Pouvoirs publics de protéger, c'est le nombre considérable de petits chargeurs qui concourent au chargement d'un navire et qui n'ont même pas la liberté de faire une observation beaucoup plus que les grandes maisons qui peuvent affréter un navire entier, ou qui, en traitant de grosses parties, ont le pouvoir de se faire écouter.

Non, ce contrat n'est pas libre ; il est rédigé en entier et imposé par une seule partie, il est son œuvre et porte son en-tête, et cette considération aurait dû engager notre Cour suprême à continuer de juger qu'il était contraire à l'ordre public. C'est, en outre, un contrat léonin et, comme tel, on aurait bien pu, en supposant qu'il y ait contrat, le tenir pour nul et non avenu.

En effet, dans un contrat, il doit y avoir à peu près équivalence entre les obligations contractées par les deux parties, ou entre les droits et avantages qu'elles s'assurent. Dans le connaissement tel qu'il est aujourd'hui que trouvons-nous ? D'un côté le commerce (chargeur ou destinataire) qui contracte une obligation bien nette, bien définie au profit de l'armateur (de l'armateur et non du capitaine, ne l'oublions pas), celle de payer le fret convenu. Au besoin même cette obligation est exécutée à l'avance, le fret est payé au moment de l'embarquement, sur une marchandise, nous le savons, qui ne peut pas être livrée.

De l'autre côté se trouve l'armateur qui, d'après les clauses de son connaissement, n'est pas obligé de vérifier ni le poids de la marchandise, ni le contenu des colis, qui peut vous livrer du chanvre après avoir embarqué de la soie, qui n'a pas à savoir s'il reçoit des caisses vidés ou des caisses pleines, des sacs contenant des haricots ou du café, qui est libre de vous écraser, de vous avarier votre marchandise comme il lui plaît, qui n'a pas à s'occuper de la préserver du vol ordinaire, qui peut vous délivrer des fûts vides, quand il a reçu ou a dû recevoir des fûts pleins, qui ne prend plus la peine de compter le nombre de colis et qui peut en délivrer 500 quand il en a reçu 1000, qui, enfin, n'est pas même obligé de vous la porter à l'endroit indiqué, mais peut la transborder en route à son gré, vous occasionner des retards, des résiliations, des surtaxes de droits, etc. L'armateur n'est engagé *à rien*.

D'un côté, une obligation sérieuse, précise et inéluctable : le paiement du fret.

De l'autre *rien*, même au besoin le droit de faire disparaître votre fortune !

Mais alors ! Pourquoi payons-nous le fret ? Pour que la balance soit égale, il faudrait que le commerce eût le droit de ne pas payer le fret, quand cela ne lui conviendrait pas, ou tout au moins, il ne faudrait pas que le commerce se trouvât dans cette étrange situation de n'avoir devant lui que le capitaine insolvable ou même de n'avoir personne du tout, lorsqu'il s'agit de ses droits, et de se trouver en face de l'armateur lorsqu'il s'agit de ses obligations.

C'est une chose vraiment monstrueuse et on reste confondu, quand on songe à ce qu'il a probablement fallu de froide discussion pour en arriver à trouver qu'une situation pareille n'a rien de contraire à l'ordre public, ni aux bonnes mœurs.

Quoique nous ne songions nullement à nous écarter du respect que nous devons à la Cour de Cassation, nous devons craindre, en voyant cette jurisprudence, que beaucoup de ses membres ne sachent qu'imparfaitement ce que c'est qu'un navire et ne sachent pas du tout ce qu'est une maison de commerce.

Quant à nous, c'est le contraire, nous savons ce que c'est qu'un navire pour avoir fait l'expérience des pertes qu'il nous a occasionnées ; nous savons ce que c'est que le commerce par le rude labeur et le continuel souci qu'il nous impose ; mais nous ne sommes pas jurisconsultes et sommes à peu près incapables de soutenir un dernier moyen qui cependant nous parait fort juste. Il nous semble, en effet, que le connaissement ne constitue pas un contrat, parce qu'il y manque une signature, en bien des cas indispensable. Le chargeur à l'étranger n'est pas toujours notre agent, notre maison : de même que nous ne sommes pas toujours ici les agents du destinataire. Il y a assez souvent entre ces deux termes, une opposition d'intérêt bien tranchée, et, partant, le chargeur ne peut pas avoir le droit d'engager le destinataire par des clauses de nature à annihiler la valeur du connaissement. C'est dans ces situations, alors que les chargeurs ne sont que de

simples vendeurs, qu'ils ont quelquefois en mains un crédit de
banque, que la connivence ou la négligence coupable de certains
agents des armateurs a occasionné des pertes regrettables. Si en
même temps, ces agents se sont fait accorder par les chargeurs
les clauses d'irresponsabilité, nous sommes autorisés à dire que
le réceptionnaire n'est pas tenu d'un contrat pareil et que, pour
qu'il lui soit opposé, il devrait porter aussi sa signature.

Mais nous nous méfions du terrain juridique qui n'est pas le
nôtre et nous préférons abandonner ce dernier moyen d'attaquer
le connaissement contrat. Nous avons suffisamment prouvé qu'en
fait, il n'était pas un contrat, qu'il n'était pas librement consenti et
que c'était, avec les clauses incriminées, un contrat léonin qui ne
peut en se perpétuant qu'exercer une influence démoralisante sur
tous ceux qui, à un titre quelconque, touchent à l'industrie des
transports maritimes.

En cela nous avons été d'une grande audace, car enfin nous
nous sommes élevés contre l'autorité suprême en fait de jurisprudence et il n'est pas probable que la Cour de Cassation, qui a
résisté à d'éminents avocats, revienne sur ses décisions en supposant que ces lignes passent un jour sous ses yeux.

Elle a pu lire, sans changer d'avis, l'opinion que M. Desjardins,
un de ses avocats généraux, émettait dans un rapport présenté
par lui en décembre 1892 à l'Académie des Sciences Morales et
Politiques et dont nous nous faisons un devoir de reproduire
l'extrait suivant :

« D'après une jurisprudence qui prévaut en France comme en
« Angleterre, mais que la Cour suprême des Etats-Unis a pres-
« crite *et qui ne saurait, en effet, trop énergiquement être*
« *répudiée*, l'armateur peut s'exonérer, par une clause insérée
« dans le connaissement, de toute faute ou négligence commise,

3

« soit dans l'administration, soit dans la conduite du navire.
« Cette jurisprudence est, à notre avis, *en contradiction avec la*
« *loi française* : en outre, elle sacrifie à l'excès les intérêts des
« chargeurs. Les grandes Compagnies de navigation monopoli-
« sant un certain nombre de transports imposent la clause
« léonine : il faut la subir ou s'abstenir de charger. »

Nous devons donc, puisque les chefs de notre magistrature
trouvent nos lois de droit commun insuffisantes pour mettre un
frein aux abus que nous attaquons, nous incliner et demander au
législateur de réformer ou de compléter notre Code. Nous ne
ferons en cela que demander ce que certains tribunaux espèrent,
notamment la Cour de Bordeaux dans le considérant suivant de
son arrêt du 4 juin 1894 :

« Attendu que la Cour de Cassation a affirmé ou confirmé, en
« des arrêts récents, la doctrine de la validité des clauses qui
« exonèrent l'armateur de la responsabilité civile édictée contre
« lui par l'art. 216 du Code de Commerce, à raison des fautes du
« capitaine ; qu'en présence de cette jurisprudence et *en attendant*
« *que le législateur français, déjà saisi par des propositions de*
« *loi et par des Congrès internationaux ait mis fin à la contro-*
« *verse,* l'intérêt de la bonne administration commande le respect
« de la doctrine de la Cour suprême. »

Citons encore ce passage de la lettre de la Chambre de Commerce de Cette :

« Il est urgent de remédier à cette situation déplorable et
« cependant on ne saurait, par aucun moyen légal de pression,
« réformer la jurisprudence actuelle ; il est donc indispensable de
« recourir à des mesures législatives. »

Après ce que nous avons dit jusqu'à présent dans ce rapport,
vous ne serez pas étonnés, Messieurs, que nous en arrivions à la
même conclusion. Les propositions d'entente avec les armateurs

sont une chimère destinée à renvoyer la solution aux calendes grecques. Nos revendications sont un minimum qui ne peut presque plus être discuté. Et remarquez qu'il ne s'agit pas de s'entendre seulement avec nos aimables collègues de la Commission, non pas seulement avec les armateurs français, mais avec toutes les nations. C'est irréalisable, c'est l'enterrement de la question.

Nous en avons, du reste, fait l'expérience, car depuis 1882, déjà plusieurs conférences ou congrès internationaux se sont réunis à Liverpool, à Hambourg, à Anvers, à Bruxelles, à Gênes et enfin à Londres en 1893 ; Ces conférences n'étaient habituellement composées que d'armateurs, à tel point que, pour ce motif, la Chambre de Commerce de Londres refusa de participer à celle de 1893. Les règles adoptées que nous reproduisons ci-après sont d'une insuffisance que nous ne saurions trop attaquer (1).

. La règle n° 1 reproduit cette interminable phrase que nous trouvons dans tous les connaissements anglais, véritable monument de redondances ennuyeuses, phrase impossible à lire et à supporter qu'il serait si facile de remplacer par cette simple ligne :

« L'armateur n'est pas responsable des cas de force majeure,

(1) Règle n° 1. Le propriétaire de navires ne sera pas responsable des pertes et dommages résultant de la force majeure, des fortunes de mer ou autres eaux navigables, baraterie du capitaine ou de l'équipage, ennemis, pirates, troubles civils, brigands, voleurs, arrêts ou restrictions de princes, gouvernements ou peuples, émeutes, grèves, ou interruption de travail, captures, saisies ou arrêts par la voie légale, ni par incendie à bord, sur des ponts flottants, ou allèges, ou à terre, abordages, échouements, explosions, ruptures de machines, ou guindages, ou d'autres accidents en mer, dans d'autres eaux navigables, ou dans le port, quand même il résulterait de la négligence, faute ou erreur du jugement du pilote, du capitaine, de l'équipage, ou d'autres subordonnés du propriétaire de navires, ni d'échauffements, dépérissements, putréfactions, rouilles, évaporations, changements d'état, fuites, coulages, casses ou de toutes pertes ou dommages résultant de la nature de la marchandise, ou de l'insuffisance d'emballage, ou de la vermine ; ni des oblitérations, erreurs, insuffisance ou absence de marques, numéros, adresses, ou désignations, ni des risques des dépôts flottants d'allèges ou de transbordements.

« ni des pertes ou dommages ne résultant ni de son fait ni de celui
« de ses agents. Il n'est pas responsable des fautes nautiques du
« capitaine et de l'équipage. »

Les règles 2 et 3 pourraient être confondues en une seule auss
brève et disant, par exemple :

« L'armateur est responsable de ses fautes et négligences et de
« celles de son personnel. »

Au lieu de cela la règle 2 dit :

« Le propriétaire de navires sera responsable des pertes ou
« dommages résultant de tout état impropre du navire à recevoir
« les marchandises ou de tout autre état d'innavigabilité du navire
« au moment du départ.

« Mais tout défaut caché dans la coque, la machine, l'armement
« et l'équipement, ne doit pas être réputé état impropre ou inna-
« vigabilité à moins que le dit défaut résulte d'une faute du pro-
« priétaire, du capitaine d'armement ou du gérant. »

Et la règle 3 est ainsi conçue :

« Le propriétaire de navires sera responsable des pertes et
« dommages résultant de tout manque de soin et de capacité,
« dans la mesure de ce qui est raisonnable, dans le chargement,
« l'arrimage et le déchargement des marchandises.

« La responsabilité du propriétaire de navires cessera à la déli-
« vrance du bord du navire, sous palan. »

Voilà, Messieurs, le résultat obtenu après onze années de conférences et de congrès : un texte incolore, obscur, où la main gau-
che est prête à prendre ce que paraît donner la main droite ; et
l'on veut que nous attendions encore, que nous recommencions à
réunir des Commissions internationales ! C'est de cette pâle rédaction que nos armateurs marseillais nous engagent à nous conten-

ter dans le rapport qu'ils ont adressé à la Chambre de Commerce ; et encore ce retour à l'âge d'or ne pourrait nous être accordé qu'après une entente internationale, c'est-à-dire jamais. Car, enfin, pourquoi veut-on que les armateurs qui peuvent actuellement n'être responsables de rien aillent de bonne volonté accepter d'être responsables de quelque chose, pour si peu que ce soit ? Il est évident qu'il est nécessaire de les y forcer par une loi, et l'on ne peut pas repousser cette loi comme attentatoire à la liberté. Au contraire, elle vise une véritable coalition, une espèce de monopole, ce qui est l'antithèse de la liberté. La collectivité ne saurait être victime de la coalition, du monopole ou de l'excès de la liberté individuelle et les lois doivent protéger la société contre les entreprises de quelques-uns de ses membres. Votre Commission ne croit donc pas s'écarter des principes de la liberté commerciale qui sont notre plus cher patrimoine en s'unissant aux Chambres de Commerce, Syndicats et Sociétés qui réclament déjà la protection et le secours des Pouvoirs publics contre la toute puissance des armateurs.

Mais avant de donner un corps à cette conclusion, avant d'examiner le projet de loi sur lequel le Gouvernement désire avoir l'opinion des Chambres de Commerce, nous avons le devoir d'examiner les objections qu'a formulées dans votre Commission la minorité composée uniquement d'armateurs français ou d'agents d'armateurs étrangers.

La plus importante, celle qui, nous ont dit les opposants, domine le débat, c'est qu'il n'est ignoré de personne, dans le monde du commerce, que l'armement maritime en France décline tous les jours, que cette industrie est loin d'être prospère et que faire une loi qui aggraverait les charges et les risques de l'armement français serait pour lui une nouvelle cause d'infériorité vis-à-vis des armateurs étrangers, auxquels cette loi ne pourrait être appliquée ; que ce serait donc le dernier coup porté à notre malheureuse marine marchande et sa mort à bref délai.

Ces objections nous avaient frappé vivement, mais la majorité de votre Commission n'a pas pensé que cet argument eût la portée qu'on y attache. Il n'est, en effet, dans l'esprit de personne parmi nous que les mesures que nous réclamons soient uniquement applicables aux armateurs français. Votre Commission estime que la Société pour la Défense du Commerce de Marseille ne voudrait en aucun cas placer les armateurs de notre pays dans une position inférieure à celle de leurs concurrents étrangers. Mais la majorité de votre Commission a été d'avis qu'il était possible de prendre des mesures législatives telles que, quoi qu'il arrive, le navire étranger chargeant sur un point quelconque, pour un port français ou dans un port français ou colonial à destination d'un point quelconque, fût soumis comme le navire français à l'action de la nouvelle loi ; que par suite l'interdiction de la clause d'exonération serait applicable à tous les pavillons sans distinction, lorsque le trafic français serait intéressé. (Tandis que les armateurs français resteraient libres pour le trafic de port étranger à port étranger.)

Dans ces conditions, notre Commission n'avait pas à tenir compte des arguments tirés de la situation désavantageuse faite à l'armement français, puisque la loi édictée pour tous navires fréquentant nos ports, serait appliquée à tous.

Les justes doléances du commerce visent au moins, sinon plus, le navire étranger que le navire français. Or, en matière de fret, le navire étranger est parfaitement obligé d'avoir recours aux tribunaux français, quand il se trouve dans un port français ; il est parfaitement obligé, nonobstant la loi du pavillon, de se soumettre aux taxes et aux règlements du port, aux droits de tonnage et les tribunaux ne sont pas nécessairement obligés d'appliquer la loi du pavillon au capitaine qui s'en réclame. Ce sont surtout les armateurs étrangers qui, à l'aide des tribunaux français et des lois françaises, ont fait consacrer la validité de la clause d'irresponsabilité que nous attaquons aujourd'hui. Ils n'ont pas une seule fois, à cette époque, essayé de s'abriter derrière la loi du pavillon ; ils ne pourront le faire ni mieux, ni plus utilement quand nous aurons une loi spéciale pour le cas qui nous occupe. Cessons donc de parler de cette infériorité : ce n'est peut-être qu'un spectre dont il ne faut pas avoir grand peur.

Nous disons encore que, si cette loi doit aggraver la situation de l'armement français au point de le mettre en péril, de deux choses l'une : c'est qu'alors réellement le risque est très important et le commerce a raison de se plaindre de l'état de choses actuel et d'en demander la cessation, ou bien les risques découlant de cette responsabilité peuvent être facilement évités ou diminués par l'armateur et alors c'est une exagération que de crier la mort pour une obligation toute naturelle à laquelle chacun de nous est soumis dans ses actes de tous les jours.

Enfin, si ces craintes ne sont pas exagérées et si la marine marchande est si malade, peut-on prétendre, sans manquer à la plus élémentaire justice, la décharger d'une de ses obligations naturelles et essentielles, non pas sur le pays tout entier, non pas sur une classe spéciale de citoyens, mais seulement sur quelques individus isolés ? Si les lois de protection actuellement en vigueur, si les primes et les subventions ne suffisent pas à soutenir cette marine marchande que nous avons un intérêt national à voir vivre et se développer, que le Gouvernement propose un nouvel impôt spécial portant sur l'universalité des citoyens, qu'on le restreigne si l'on veut à tous les patentés commerçants. Mais on ne peut, en conscience, prétendre faire donner ce secours à la marine marchande par les quelques négociants isolés qui seront, tantôt l'un, tantôt l'autre, victimes des clauses d'irresponsabilité. Du reste, les plaintes des armateurs au sujet de leur commerce ne constituent pas une situation exceptionnelle. Les négociants se plaignent, l'industrie périclite, les importateurs n'arrivent plus à joindre les deux bouts, les Compagnies d'assurances liquident après avoir perdu leur capital. Tout va mal, les armateurs ne sont donc pas une exception autorisant une jurisprudence ou une législation exceptionnelle.

Oui, disent les armateurs (ils diront le contraire un peu plus loin) nous comprenons la préoccupation des porteurs de connaissements qui voient la valeur de ce document complètement annihilée par les six pages de clauses et conditions que nous y avons insérées. Oui, ils ont peut-être raison de se plaindre, mais tout s'assure ; qu'ils se fassent assurer.

Non, Messieurs, tout ne s'assure pas ! Même pour le cas de force majeure, c'est-à-dire celui où l'homme se trouve en face d'une force plus grande (majeure) que la sienne, l'assureur n'est légalement et équitablement responsable que si l'assuré ou les personnes agissant pour lui ont fait le possible pour empêcher la perte ou la détérioration des objets assurés. Vouloir faire assurer la faute volontaire ou la négligence lourde, le manquement aux devoirs professionnels, c'est presque faire un contrat immoral, dont le résultat tout au moins peut être de favoriser l'immoralité. On discute aujourd'hui sans étonnement de pareilles choses au lieu de les accueillir par une fin de non recevoir, comme on l'aurait fait il y a cinquante ans.

Oui ! quand chacun a fait son devoir, les assureurs sont là et moyennant les primes qu'ils ont reçues de la mutualité et qu'ils ont concentrées en leurs mains, ils indemnisent le sinistré et lui payent ce qu'il a perdu par le feu, par l'inondation, la trombe, la tempête, l'échouement, l'abordage, le naufrage, le vol, les pirates, la guerre, en un mot toutes les causes de perte que l'on peut reconnaître comme force majeure. C'est bien assez que certains assureurs aient déjà admis de garantir par leurs polices la baraterie de patron ; ils ne peuvent aller plus loin dans leurs polices ordinaires et surtout dans leurs polices flottantes qui, vous le savez, assurent à l'avance le transport des marchandises par des navires non encore désignés au moment de la signature de la police. Les déclarations des assureurs dans le sein de votre Commission ont été très catégoriques sur ce point. Avec la diminution constante des primes, il leur est impossible de garantir, sans une prime spéciale, les fautes commerciales des agents de l'armateur et même il ne conviendrait pas d'entrer dans cette voie, car ce serait favoriser la multiplicité de ces fautes et leur aggravation. Pourquoi un armateur ou un de ses employés ou ouvriers se gêneraient-ils, une fois qu'ils sauraient qu'ils peuvent tout faire sans aucun risque, et que l'assureur paie tout ?

Quelque dure que puisse être la vérité, nous avons le devoir de le répéter : un pareil contrat aurait certainement une influence démoralisante, et les assureurs qui auraient eu la faiblesse d'y consentir seraient bien vite obligés de revenir en arrière.

Du reste, bon ou mauvais, quelque chose d'analogue existe en Angleterre. Ce n'était un secret pour personne, mais on nous l'a de nouveau confirmé en Commission : les armateurs anglais ne sont pas couverts par leurs assureurs maritimes, mais ils sont constitués en syndicat contre les réclamations pour manquants, avaries ou autres fautes élevées par les porteurs de connaissements. C'est l'*Indemnity Club* qui a fait les frais de tous les nombreux procès qui ont servi à établir en France la jurisprudence que nous déplorons aujourd'hui. C'est l'*Indemnity Club* qui a payé pour les armateurs, dans les rares occasions où nos Tribunaux ont réussi à trouver un moyen pour les condamner sans se mettre en opposition flagrante avec la Cour de Cassation. C'est l'*Indemnity Club* qui a subordonné la garantie qu'elle donne à ses assurés à l'adoption des formules imprimées des connaissements qui, en fait de droits, ne laissent plus à leur porteur que celui de payer le fret.

Eh bien, que les armateurs français fassent comme les anglais, qu'ils s'assurent contre leurs responsabilités. Mais, chacun pour soi, et qu'ils ne cherchent pas à déplacer les rôles et à rejeter sur les porteurs de connaissements une charge qui ne peut leur incomber. Les mêmes assureurs qui, dans votre Commission, ont déclaré refuser d'assurer le risque d'irresponsabilité gratis aux porteurs de connaissements, seront peut-être très heureux, après avoir réussi à modifier les statuts de leurs compagnies, de consentir des polices spéciales à des armateurs connus chez lesquels une bonne administration et un sévère contrôle de toutes choses annule presque ou diminue grandement le risque dont il est question : mais ils ne le feront pas pour tout le monde et ils auront soin d'insérer dans la police une bonne clause de résiliation pour le cas où le personnel viendrait à abuser de la permission de commettre des fautes.

Les Compagnies de navigation useront-elles de ce moyen ? l'Assurance ? A vrai dire nous ne le croyons pas. Elles préféreront simplement faire leur devoir, c'est-à-dire avoir un personnel suffisant, le surveiller plus étroitement, l'émonder, le tenir responsable de ses fautes, et elles arriveront ainsi à réduire à rien leur risque de responsabilité.

Il est, en tous cas, parfaitement exact de dire que cette assurance qui serait refusée ou pour laquelle on demanderait une forte prime dans les polices ordinaires serait pour certaines Compagnies couvertes avec une prime très modérée dans une police spéciale, car, si l'armateur le veut bien, c'est un risque qui n'existe pas.

Oui ! nous ont dit encore les armateurs, vous avez peut-être raison dans vos craintes lorsqu'il s'agit de navires étrangers : mais nous, les armateurs français, qui exploitons les lignes régulières, nous avons tout intérêt à conserver notre clientèle, et nous ne comprenons pas vraiment vos préoccupations. Notre clause d'irresponsabilité est une arme que nous voulons avoir pour ne jamais nous en servir. En fait, nous accueillons toujours les réclamations de nos clients et nous réglons sans nous abriter derrière la clause en question.

A cela votre Commission répond ainsi qu'on l'a fait dans d'autres assemblées, que, quelquefois (pas souvent, même lorsqu'il s'agit de petites sommes) les Compagnies indemnisent en effet leurs réclamateurs. Mais ceux qui sont repoussés sont légion et ce n'est pas en Chine, mais bien en France, que se sont rendus tous les jugements qui remplissent nos recueils de jurisprudence et que l'on oppose avec la clause des connaissements à ceux qui ne sont pas persona grata. La clientèle se compose d'un grand nombre de personnes, et si l'on jette par dessus bord de temps en temps un client sur cent, lorsque sa réclamation est trop importante, il en reste assez pour alimenter la ligne. Du reste, le plus souvent, la Compagnie étant seule sans concurrence, n'a pas à craindre la désertion de la clientèle, qu'elle soit ou non satisfaite. Donc, Messieurs, si les armateurs sont, en effet, remplis de bonnes intentions et s'ils ne tiennent à ces clauses que pour le coup d'œil, qu'ils le prouvent en y renonçant de bonne grâce.

Nous arrivons maintenant à la théorie que le Capitaine est seul maître à bord (on ne parle pas des arrimeurs, pointeurs, acconiers et autres agents employés et choisis par l'armateur), qu'il n'est pas sous les ordres de l'armateur, ne peut pas être surveillé par lui, que l'armateur, même s'il est à bord, n'est seulement qu'un passager tenu d'obéir au capitaine et que celui-ci pourrait le mettre aux fers sans plus de façon qu'un simple matelot paresseux ou ivre.

Ah Messieurs ! faisons, une fois pour toutes, justice de cette légende, bonne à mettre dans un roman. Il y a, ou plutôt il y avait autrefois deux hommes dans le capitaine : il y avait le chef de l'équipage donnant la route, commandant la manœuvre, veillant à ce que tout fut en ordre à bord, à ce que chacun fut à son poste, que le navire accomplit son voyage avec sécurité. Cet homme doit être attentif à protéger contre tout danger les existences dont il a la charge. Il passe des jours entiers sur sa passerelle, il ne dort pas la nuit, il lutte ainsi quelquefois de longues heures contre les éléments au péril de sa vie, pour accomplir ce devoir qui le grandit aux yeux de tous. Oui, cet homme est maître, et il faut qu'il le soit ; il faut qu'il soit obéi et qu'il ait le droit de se débarrasser de quiconque l'entrave dans son commandement. Nous n'avons rien à dire contre cet homme là ; même lorsqu'il ne réussit pas, même lorsqu'il se trompe, nous ne demandons pas sa responsabilité, ni celle des armateurs.

Mais voyons l'autre homme que nous avons, ou que nous avions dans le capitaine, c'est-à-dire l'administrateur commercial. Il n'existe presque plus et sur la plupart des lignes, aussi bien au port d'attache que dans les escales lointaines de l'Extrême-Orient, il est remplacé par les agents et employés de l'armateur. Ce sont ces derniers qui traitent du fret, reçoivent, reconnaissent et préparent le chargement, le mettent à bord, en donnent reçu et remplacent entièrement le capitaine. Ce dernier peut n'arriver à bord qu'au moment du départ, pendant que les ouvriers de l'armateur qui viennent de tout mettre en ordre sur le pont regagnent la terre après avoir fermé les panneaux.

Les choses se passent de même au débarquement. Des deux hommes qu'il y avait autrefois dans le capitaine, il n'en reste donc plus qu'un sur les bateaux à vapeur... le directeur nautique, libre de ses actions en route, mais obligé par l'armateur de se rendre à tel ou tel point. Quant aux fonctions de directeur commercial que le capitaine remplissait dans les divers points où s'arrêtait le le navire; elles lui ont été retirées, et ce n'est ordinairement pas lui qui commet les fautes dont nous nous occupons, ce sont des agents secondaires auxquels on ne peut pas reprocher d'être seuls maîtres à bords. Nous devons reconnaître cependant que pour certains voyages exceptionnels, accomplis par certains vapeurs, suivant charte-parties spéciales, le capitaine conserve encore en partie ses fonctions de directeur commercial. Mais il est trop évident qu'il n'a plus dans ses fonctions la même liberté que quand il s'agit de commander la manœuvre, et qu'il est dans ce rôle obligé de suivre les ordres de l'armateur vis-à-vis duquel il est responsable de ses actes. Cette responsabilité des agents qui est absolument illusoire pour le porteur de connaissement et qu'il ne peut jamais faire sortir à cet effet, existe vis-à-vis de l'armateur, sous forme de retenue d'appointements, privation d'avancement, au besoin renvoi avec mauvaises notes, et si, pendant que le navire est à la mer, le capitaine a le droit de mettre son armateur aux arrêts, il est certain qu'au plus prochain port, l'armateur a le droit de mettre à terre et de remplacer le capitaine dont il n'est pas satisfait.

A cela les armateurs ajoutent encore que l'obligation où ils sont de ne prendre leurs capitaines que dans une catégorie spéciale de personnes brevetées pour cet emploi, les met en partie à l'abri de la responsabilité qui découle de leur choix, puisque ce choix n'est pas librement exercé. Ils ajoutent que l'entrepreneur de transport par terre est beaucoup plus heureux qu'eux sous ce rapport, puisqu'il est libre de choisir ses agents comme il lui plait et qu'il a tout contrôle sur eux. Aussi, disent-ils, aucune assimilation ne peut être faite entre le transporteur par terre et le transporteur par mer.

Non, en effet, une assimilation complète n'est peut-être pas possible, quoique, les risques de navigation étant exceptés, il ne devrait pas y avoir de différence ; mais nous pouvons toujours comparer.

Nous reconnaissons que, dans certains cas, nous ne pouvons exiger du transporteur par mer la même exactitude à la reconnaissance du poids, par exemple, que ce que nous l'obtenons du chemin de fer, quoique bien souvent cette reconnaissance serait aussi possible dans les hangars des ports que dans les hangars des gares. Mais, pour le nombre de colis, par exemple, pourquoi y aurait-il une différence ? Pourquoi une différence pour leur conservation, puisque nous admettons l'irresponsabilité des fortunes de mer. En quoi un bateau qui descend le Rhône, une péniche qui circule sur un canal, sont-ils d'un contrôle plus facile qu'un vapeur monté par plusieurs officiers et assisté, à chaque escale, d'agents fidèles et éprouvés ? Il semble, au contraire, qu'un détournement est bien plus facile sur terre qu'en pleine mer. Voudrait-on nous faire croire, par exemple, que le Directeur du P.-L.-M. peut être au même instant partout en action de contrôle personnel sur l'étendue de son immense réseau ?

Loin d'être une gêne, l'obligation de prendre leurs capitaines dans une catégorie d'hommes spéciaux est, au contraire, une garantie de plus pour les armateurs. Et ils peuvent parfaitement choisir, car il y a plus d'officiers postulants que d'emplois à donner. Les chemins de fer ne sont-ils pas obligés aussi de choisir leurs mécaniciens parmi une certaine catégorie d'hommes brevetés ayant satisfait à certaines épreuves ? Et puisque nous en sommes à comparer, qui est plus maître, après Dieu, que ces hommes, qui sur le tender d'une locomotive, nous font traverser l'espace avec une vitesse vertigineuse, et tiennent dans leurs mains nos existences au bout du levier qui donne la vapeur ou de la soupape qui serre le frein. Qu'un oubli, une maladresse involontaire survienne, une distraction d'un autre agent de la Compagnie, et la collision se produit, véritable naufrage terrestre, dont le mécanicien, plus souvent que le capitaine marin, est ordinairement la première victime. Là compagnie est dans ce cas bel et bien responsable, non seulement du matériel et des marchandises, mais encore elle doit des indemnités aux familles des morts et des blessés. Sur mer une collision se produit par un beau temps, l'armateur n'est responsable de rien. Il y a donc déjà une différence importante entre les transports maritimes et les transports terrestres.

— Cette objection perd le peu de valeur qui pourrait lui rester, si vous voulez bien vous rappeler que le capitaine actuel n'a plus que la direction nautique du navire, mais que généralement l'exploitation commerciale est confiée à d'autres agents que les armateurs peuvent choisir avec la plus complète liberté.

Mais de ces diverses objections se dégage un fait saillant qui aura sûrement déjà frappé votre esprit. C'est que dans toute cette discussion, les armateurs essaient constamment de déplacer les rôles et de rejeter sur le commerce les charges et les responsabilités qui leur incombent. Ils viennent de nous dire qu'ils ne peuvent pas être responsables du choix de leurs capitaines et de leurs agents. Mais le commerce peut-il l'être ? Le chargeur ou le destinataire ont-ils été consultés sur le choix de ce capitaine dont on veut les faire responsables ? Savent-ils seulement quel sera le capitaine qui au moment du départ viendra prendre le commandement du navire ? Ont-ils le pouvoir de le discuter, de le refuser, de forcer l'armateur à en prendre un autre ? Le chargeur peut-il reprendre sa marchandise lorsque le navire vient de larguer ses amarres commandé par un capitaine qui ne lui convient pas ? Et quand c'est un destinataire qui se trouve en présence du fait accompli, du voyage effectué, a-t-il eu une part quelque minime que ce soit dans le choix du capitaine ? Et peut-il être responsable des fautes de cet homme choisi, quoi qu'on en dise, par les armateurs seuls, et qui peut être maintenu par eux à ce poste malgré ses réclamations ?

Répétons donc encore une fois que les agents de l'armateur à tous les degrés sont choisis par lui, uniquement par lui, et que, même pour le capitaine, l'armateur restant toujours libre de le changer où et quand il lui plaît, il n'y a là aucun motif d'irresponsabilité.

Nous ne nous arrêterons pas longtemps à l'objection tirée de l'art. 216 du Code de Commerce d'après lequel l'armateur peut s'affranchir des obligations résultant pour lui des faits et obligations du capitaine par l'abandon du navire et du fret. De ce que la loi permet au propriétaire du navire de limiter sa responsabilité, il ne s'ensuit pas qu'elle n'existe point, ou qu'il ait le droit de s'y soustraire. Nous trouvons, au contraire, que c'est une consécration de plus du principe de responsabilité, et cela aurait dû être un moyen de plus pour la Cour de Cassation de rejeter la validité des clauses d'exonération (1). Au point où nous en sommes, nous serions encore bien heureux si, quand nous sommes lésés, nous avions devant nous la garantie du navire et du fret. Mais non, le navire et le fret appartiennent à l'armateur, et, malgré l'art. 216

---

(1) *Traité de Droit commercial et maritime* des Desjardins, page 64, tome II. Le Code de Commerce aurait pu se référer aux principes généraux du Droit Civil. Il prend soin de répéter « art. 216 » que le préposant est civilement responsable des faits du préposé, ainsi qu'en effet la législation maritime a, depuis des siècles, déterminé la responsabilité de l'armateur. D'une part, elle prend soin d'affirmer elle-même qu'il est responsable des faits du capitaine, son agent : d'autre part, elle limite cette responsabilité « Propter utilitatem navigatium » par la faculté d'abandon. C'était une sage conciliation de tous les intérêts. On méconnaît une vieille tradition, on déjoue les prévisions de la législation spéciale, on bouleverse tout en substituant à ce système de responsabilité mitigée, un système d'irresponsabilité absolue. Qu'on le veuille ou non, en effet, les armateurs s'empareront de cette jurisprudence. Cette clause est trop commode pour qu'ils ne l'insèrent pas dans tous les connaissements ; *elle deviendra de style* ; il était bien inutile, en vérité, de chercher un moyen terme qui partageât à la fois les tiers et le propriétaire de navire, de limiter par cette ingénieuse distinction entre la fortune de terre et la fortune de mer une responsabilité que l'on ne voulait pas détruire, s'il suffisait pour la détruire d'un mot inséré dans une charte-partie. Le danger redouble si l'on songe que certains transports sont monopolisés en fait au profit de certaines Compagnies subventionnées. Comment se soustraire à leurs exigences ? Comment se placer sous l'égide du Droit commun ? Le péril frappait la Cour de Cassation quand il s'agissait des Chemins de fer ; comment ne la frappe-t-elle pas quand il s'agit des transports maritimes ?

nous n'y pouvons toucher : notre seule garantie est dans les quelques hardes que le capitaine a dans sa valise de bord.

Nous n'en avons pas encore fini, Messieurs, avec les objections des armateurs, mais vous comprendrez qu'ayant à parler devant une chambre comme la nôtre qui représente toutes les branches du commerce de Marseille sans exception, il est de notre devoir de vous soumettre tous les dires de nos collègues de l'armement et il ne faut pas qu'on puisse accuser notre rapport d'avoir laissé dans l'ombre aucune des oppositions qui nous ont été soumises.

Si vous obtenez, nous disent les armateurs, une loi qui nous impose la responsabilité des fautes de nos agents, vous en souffrirez plus que nous, car la conséquence immédiate sera un relèvement du prix des frets, destiné à nous couvrir de cette responsabilité.

Mais, Messieurs, cette solution nous convient parfaitement et cette menace ne nous effraie pas du tout. Ce n'est pas pour être agréables au Commerce que les armateurs haussent ou baissent leurs taux de fret. C'est par le simple jeu de la libre concurrence qu'ils se font entre eux. Sans la responsabilité des armateurs, nous pourrions les voir hausser et au contraire avec leur responsabilité nous verrons peut-être encore de la baisse. Mais qu'est-ce que cela nous fait ? Le fret est un facteur de nos calculs comme tous les autres. Nous le compterons pour ce qu'il sera, comme nous faisons actuellement. Quant il sera trop cher, nous ne donnerons pas de marchandise ; quand il sera trop bas, les armateurs ne nous donneront pas de navire ; cela a toujours été ainsi, cela sera toujours et nous ne voyons pas que la menace des armateurs puisse apporter un changement au cours habituel des affaires. Nous préférons, en tous cas, payer *tous* le fret plus cher, que d'être individuellement exposés à un risque effrayant et qu'il nous est impossible de traduire par un chiffre dans nos prix de revient.

Mais s'il en est ainsi, nous disent les armateurs, vous n'avez pas besoin de rien changer à ce qui existe, nous sommes prêts à accorder à ceux d'entre vous qui nous les demanderont toutes les garanties possibles et imaginables pourvu qu'ils nous accordent un fret plus élevé. Un trait de plume approuvé sur la clause imprimée et tout sera dit.

C'est encore là le même système du renversement des rôles, du déplacement des responsabilités, et nous pouvons avec beaucoup plus de raison dire aux armateurs : Commencez par supprimer pour tout le monde ces clauses contraires à l'ordre public, et le chargeur auquel vous voudrez consentir un abaissement de prix, s'il se trouve dans les conditions à avoir le droit de s'engager pour le destinataire, pourra toujours par un traité séparé, par une contre lettre, par un engagement d'honneur, vous exonérer de vos responsabilités. Mais il faut que le public, celui avec lequel vous ne raisonnez pas, vous ne traitez pas, soit assuré de recevoir de vous, les garanties auxquelles il a droit.

Voici maintenant l'objection que nous ont faite ou plutôt l'avertissement que nous ont donné les agents de vapeurs étrangers : Prenez garde, nous ont-ils dit, si vous obtenez la loi que vous désirez, de voir déserter les ports français par les navires étrangers. En Angleterre surtout les armateurs sont tous entendus, syndiqués, liés entre eux et ils refuseront de transporter de la marchandise en France. Vous aurez contre vous une véritable grève de transports.

Votre Commission a considéré cette menace comme une exagération que la réflexion doit ramener à de justes proportions.

D'abord, les armateurs étrangers ne sont probablement pas si intraitables que ce qu'on veut bien le faire croire. Nous avons vu qu'à la conférence de Londres ils ont accepté ou peut-être rédigé eux-mêmes les règles 2 et 3 que nous avons trouvées insuffisantes, mais qui sont cependant un revirement dans le sens de la responsabilité. Pourquoi croire qu'ils iront jusqu'à la grève ? Cela n'est pas une chose si facile. Les pavillons étrangers exploitent beaucoup de lignes régulières qu'ils hésiteraient à abandonner, car ils pourraient en souffrir plus que nous. Ont-ils abandonné les ports des Etats-Unis où le Gouvernement a eu assez d'énergie et d'audace pour promulguer une loi applicable à tout le monde ? Non, les mêmes navires y vont et nous n'avons pas jusqu'ici entendu parler de relèvement des taux de fret, bien au contraire. Mais, Messieurs, nous avons au dossier un exemple palpable que les étrangers ne sont pas éloignés de se rendre à nos raisons. C'est la traduction ci-après de quelques unes des règles de connaissement de vapeurs approuvées par les Chambres de Commerce de Hambourg et de Brême. Plusieurs Compagnies allemandes d'armement ont fait imprimer ces règles au dos de leurs connaissements et n'ont pas demandé à subordonner leur acceptation à une conférence internationale. Il est regrettable que nos armateurs français ne croient pas pouvoir agir comme les Allemands.

Voici ces règles :

« Art. I. — Les armateurs sont responsables de ce que le
« navire soit proprement équipé, armé, approvisionné et ait un
« équipage suffisant et soit sous tous les rapports en état de pren-
« dre la mer et capable d'accomplir le voyage auquel il est des-
« tiné ; ils sont aussi responsables des fautes et négligences de
« leurs employés dans toutes les matières relatives au bon arri-
« mage, à la garde, au soin et à la livraison des marchandises.
« *Toutes les clauses et conditions ayant l'effet contraire seront*
« *nulles, vaines et de nul effet devant la loi.* »

« Art. II. — Les armateurs ne répondent pas des périls de la
« mer, incendie, ennemis, pirates, voleurs armés, baraterie (non
« compris le vol ordinaire) arrêt et restriction de princes, gou-

« vernement de nations et ne répondent pas pour avaries et
« pertes par collisions, échouement, et tous les autres accidents
« de navigation, quand bien même le dommage ou la perte en
« résultant puisse être attribué à quelque acte à tort, faute,
« négligence, ou erreur de jugement du pilote, capitaine, matelots
« ou autres employés de l'armateur ; non plus pour les dom-
« mages ou pertes résultant de l'explosion ou rupture de chau-
« dières ou tuyaux, rupture d'arbres ou autre défaut latent dans
« la coque ou la machine (ne résultant pas dans aucun cas d'im-
« propreté à prendre la mer, ni de manque de soins de l'armateur
« ou de la direction), ni pour délabrement, putréfaction, rétrécis-
« sement, coulage, rupture, buée, changement de nature, ver-
« mine, rouille, avarie de pays ou toute autre avarie résultant de
« la nature des marchandises embarquées ou d'une défectuosité
« de l'emballage qui ne pourrait être vue extérieurement, ou par
« contact avec ou évaporation d'autres marchandises ; ni pour
« erreurs causées par inexactitude, oblitération ou absence de
« marques, numéros, adresses ou descriptions de marchandises
« embarquées. »

« Art. IV. — Les marques de qualité, s'il y en a, doivent être
« de mêmes dimensions et contiguës aux marques principales ;
« et si elles sont insérées dans les billets de bord acceptés par le
« second, le capitaine est obligé de signer les connaissements en
« conformité. »

« Art. VIII. — Si un reçu a été donné pour les marchandises
« sur quai ou sur allèges, ces marchandises seront considérées
« comme prises à bord en ce qui concerne la responsabilité du
« navire. »

« Art. XI. — Le plein fret est dû sur les marchandises
« avariées et sur les marchandises diminuées de poids par suite

« de coulage. Aucun fret n'est dû sur l'augmentation de poids
« résultant d'eau de mer. »

« ART. XIV. — Dans le cas de réclamation pour non livraison
« de marchandises au port de destination, le prix sera le prix du
« marché au port de destination le jour de l'entrée en douane du
« navire, moins le fret et les frais. »

« ART. XV. — Poids, mesure, qualité, contenu et valeur, bien
« que mentionnés sur le connaissement, seront considérés comme
« inconnus au capitaine à moins qu'il soit expressément reconnu
« et convenu du contraire, la simple signature ne devant pas être
« considérée comme une telle reconnaissance. »

Nous aurons à revenir sur ce texte, qui mérite, croyons-nous,
toute votre approbation. Nous constatons seulement pour le
moment que nous ne manquerons pas probablement de navires
étrangers, puisque plusieurs nations nous montrent déjà le
chemin où nous hésitons à nous engager. Les armateurs savent
compter. Ils ont un capital qu'ils ont besoin de faire travailler, ils
ne désarmeront pas leurs navires parce qu'ils devront être
comme tout le monde responsables de leurs agents. Nous
espérons, Messieurs, que vous vous montrerez tout à fait rassurés
à cet égard.

Nous avons donc démontré la légitimité de nos revendications
et la nécessité d'obtenir une loi qui règle et précise à nouveau les
droits et les obligations du contrat de transport maritime ; nous
croyons pouvoir dire sans orgueil que nous avons répondu victo-
rieusement à nos adversaires ; il nous faut maintenant préciser
ce que nous demandons et donner notre avis sur le projet de loi
de MM. Félix Faure et Siegfried.

Quelles sont les fautes dont l'armateur ne peut pas répondre ?
Quelles sont celles dont il doit être déclaré responsable ?

Votre Commission a été unanime à ne pas vouloir demander à l'armateur de répondre des fautes nautiques du capitaine et de l'équipage, même si ces fautes proviennent d'une erreur ou d'une négligence. Nous les assimilons au cas de force majeure, car nous devons supposer que le Capitaine ne les a jamais commises volontairement et qu'en outre, elles ne rapportent rien à l'armateur.

Mais quand un capitaine ou d'autres agents de l'armateur nous arriment de la farine ou du riz au milieu du charbon ; quand un équipage ou des arrimeurs coïncent des fûts d'huile avec des fruits secs destinés à l'alimentation ; quand ils remplissent avec des sacs d'une amande destinée à produire des huiles blanches les intervalles des fûts remplis d'huile de palme rouge, on ne peut pas invoquer la force majeure ; ils ont agi volontairement pour procurer soit une économie de frais, soit un surcroît de fret à leur armateur. Il n'est pas juste que l'armateur ne soit pas responsable de telles fautes.

En veut-on d'autres exemples ? Le capitaine ou les armateurs qui négligent de protéger leur chargement par un fardage ; celui qui, dans l'Inde, au lieu de se procurer des nattes sèches pour son fardage, achète des feuilles de cocotier fraîches qu'il fait tresser, et introduit ainsi dans sa cargaison 40 tonnes d'eau. La cargaison arrive complètement avariée et cela coûte aux assureurs plus de 100.000 francs.

Citons encore cette Compagnie qui apporte des viandes et lards comestibles et qui les arrime au milieu et au-dessous d'huiles minérales. Un autre capitaine laisse placer sur la même marchandise des sulfates de cuivre et l'inspecteur des denrées fait tout jeter à la mer. Et celui qui vous laisse défoncer plusieurs fûts d'huile pour ne pas les avoir coïncés ; celui qui les place contre la muraille de la chaufferie et vous les rend complètement vides ; celui qui, pour augmenter l'importance de son chargement, vide dans la cale, afin de remplir les interstices, une partie des graines oléagineuses qu'il a reçues en sacs et qui supprime ainsi toute aération dans le chargement. N'avez-vous jamais reçu des sacs de café arrimés avec de la morue ou des cuirs salés ? Faut-il vous dire qu'une Compagnie subventionnée s'est retranchée derrière les clauses du connaissement pour ne pas payer une avarie de pluie provenant de ce que, non pas son capitaine, qui était probablement chez lui, mais peut-être un de ses directeurs avait donné l'ordre de laisser des balles de laine une nuit sur le quai sans les protéger du moindre prélart. Les assureurs ont payé.

Que dire de ce capitaine qui, au mépris de ses engagements, laisse la marchandise qu'il a promis d'embarquer et cause à son malheureux propriétaire, par le défaut d'arrivée en temps voulu, une perte considérable ? Faut-il que les assureurs paient aussi ce genre d'avarie ?

Et ce capitaine qui consent à mettre sa signature au bas d'un connaissement qui porte une date fausse, peut être pour ne pas perdre le fret d'une marchandise qui, sans cette fraude, échapperait à son armateur ; celui qui accepte sans même y faire attention des fûts ou des sacs à moitié vides comme pleins ; enfin celui qui, par sa négligence (nous admettons qu'il n'y ait pas connivence) par le manque de surveillance qu'il exerce sur ses pointeurs, en arrive à ne pas délivrer au débarquement la quantité dont il a donné reçu suivant connaissement.

Nous n'en finirions pas si nous voulions continuer à énumérer ces fautes d'administration qui sont sciemment commises et n'ont pas toujours le capitaine pour auteur.

Pour remédier à ces abus, nous l'avons déjà reconnu, il nous faut une loi.

Nous répétons que les règles 2 et 3 de la conférence de Londres ne donnent qu'une garantie illusoire et leur rédaction, qui se contredit à chaque instant, pourrait faire un véritable nid à procès d'une loi qui en adopterait les termes.

Dans la règle 2, vous pouvez à la rigueur admettre le défaut caché dans la coque, il devient plus difficile dans la machine, mais nous ne le comprenons plus dans l'armement et l'équipement et nous nous demandons comment il pourrait ne pas résulter d'une faute du propriétaire, du capitaine d'armement ou du gérant ?

La règle 3 admet la responsabilité pour « tout manquant de soins et de capacité dans la mesure de ce qui est raisonnable. » C'est bien vague et bien élastique. Et, du reste, cette responsabilité doit cesser (presque au moment où elle commence) « à la délivrance du bord du navire sous palan », c'est-à-dire quand quelquefois les destinataires ne savent pas même s'ils ont de la marchandise à recevoir, ou si le navire qui la leur porte est arrivé. Vous n'ignorez pas que c'est fréquemment le cas et que souvent le destinataire n'est informé d'une expédition et n'en reçoit le connaissement qu'après que le navire a débarqué sa cargaison et est reparti pour une autre destination.

Votre Commission, désirant avant tout ne vous proposer qu'une solution juste et pratique, a trouvé que le projet Félix Faure était, au contraire des règles de Londres, trop sévère et peut-être un peu trop inapplicable. L'exposé des motifs mérite d'être retenu et nous l'approuvons entièrement. Quant au projet de loi, voici son texte :

Article unique : « Ajouter à la fin de l'article 284 du Code de Commerce :

« Doivent être considérées comme nulles et non avenues toutes « les clauses énoncées dans un connaissement, une charte-partie « ou toute autre convention qui tendraient à diminuer ou à détruire « les obligations résultant, pour les armateurs où propriétaires, « du principe du contrat de transport qui consiste à délivrer les

« marchandises dans l'état où le transporteur les a reçues, sauf les
« cas fortuits ou de force majeure. »

Plusieurs membres de votre Commission n'approuvent pas que
le projet de loi s'occupe d'autre chose que du connaissement.
C'est le connaissement seul qui est visé dans l'exposé des motifs,
c'est au connaissement qu'il faut conserver son caractère de valeur
négociable comme le warrant ou le billet à ordre. C'est le connaissement qui est d'intérêt et d'ordre public ; il est le seul document
du petit chargeur, celui que nous avons dit être le nombre. Mais
si, à côté de ce nombre, il convient à une grande maison isolée
de traiter pour elle seule du chargement ou d'une partie de chargement d'un navire à des conditions particulières et spéciales,
nous ne croyons pas pouvoir demander qu'elle en soit empêchée,
car la liberté nous parait une de ces choses précieuses auxquelles
il ne faut toucher qu'avec la plus grande précaution.

Nous avons dit qu'un connaissement ne se discutait pas, que
c'était la carte forcée. *Mais il n'en est pas de même d'une charte-
partie ;* on la discute, on est libre de ne pas la signer, et on doit
être libre de la signer comme on l'entend. *Nous serions, par conséquent, d'avis de supprimer dans le projet de loi les mots « une
charte-partie ou toute autre convention. »*

L'unanimité de votre Commission a aussi trouvé que le mem-
bre de phrase « qui consiste à livrer les marchandises dans l'état
« où le transporteur les a reçues » stipulait une exigence un peu
trop grande vis-à-vis du transporteur par mer. Mais l'accord n'a
pas été parfait sur le degré de responsabilité à exiger du transporteur, et nous avons conclu qu'à moins de faire une loi complète
sur la matière, il valait mieux édicter seulement le principe et
laisser aux Tribunaux leur liberté d'appréciation pour en graduer
l'application.

C'est ainsi que la majorité de votre Commission a considéré

comme résumant bien sa pensée le texte si clair et si bref de la loi fédérale du 13 février 1893 des Etats-Unis, portant que « l'arma- « teur n'est pas responsable des fautes nautiques du capitaine, « mais qu'il demeure responsable, *nonobstant toute stipulation* « *contraire*, des fautes commises par le capitaine comme agent « commercial et des fautes se rattachant à l'état du navire au « moment du départ. »

Cette loi aurait cependant encore un défaut, c'est qu'elle n'attein- drait les clauses d'irresponsabilité que pour les marchandises arrivant en France, celles justement pour lesquelles on nous a prédit des difficultés très grande d'application. Mais elle n'aurait aucun effet pour les marchandises que nous chargerions en France à destination des pays étrangers. Il nous paraît donc que le projet à intervenir devrait dire « sous peine d'une amende « de... il est interdit à tout armateur, agent ou capitaine de « navire français ou étrangers dans tous les ports de France et « des colonies françaises de stipuler dans un connaissement, con- « trairement aux articles 216 et 221 du Code de Commerce, l'irres- « ponsabilité des armateurs pour les fautes (excepté les fautes « nautiques) du capitaine et autres agents. Ces stipulations seront, « en outre, nulles et non avenues. Elles seront aussi nulles et non « avenues, lorsqu'elles se trouveront, dans des connaissements « créés à l'étranger en destination des ports français ou des colo- « nies françaises. »

Enfin, si une loi simple comme celle dont nous venons de donner un aperçu ne donnait pas satisfaction au Parlement et qu'il voulût élaborer une loi complète sur la matière, il faudrait, croyons-nous, s'inspirer des excellentes règles proposées par les Chambres de Commerce de Hambourg et de Brême que nous avons citées plus haut.

Nous terminons par cette considération pour rassurer les par- tisans d'une entente internationale ; si la France, suivant l'exemple des Etats-Unis, a le courage de faire justice dans cette question, c'est-à-dire de voter la loi que nous lui demandons, cela fera déjà deux nations engagées dans cette voie à la tête d'un mouvement qui sera promptement suivi par tous les autres pays. Nous avons montré que l'Allemagne était déjà à moitié convertie ; cela gagnera ; il est certain qu'avant peu de temps ce retour au droit commun sera devenu universel et les armateurs seront obligés de renoncer à l'innovation qu'ils ont tentée avec les clauses d'irresponsabilité.

En s'occupant des clauses de connaissements, votre Commission s'est occupée incidemment de l'article 435 du Code de Commerce, et elle a décidé de vous proposer de demander aux Pouvoirs Publics, pendant qu'ils s'occuperont, soit de retoucher et de compléter le Code de Commerce, soit d'élaborer une loi plus complète sur le contrat de transport, de retoucher ou de compléter cet article 435 qui dit :

Article 435. — Sont non recevables :

« Toutes actions contre le capitaine et les assureurs pour
« dommage arrivé à la marchandise, si elle a été reçue sans pro-
« testation... Ces protestations sont nulles, si elles ne sont faites
« et signifiées dans les 24 heures, et si, dans le mois de leur date,
« elles ne sont suivies d'une demande en justice. »

Ce qui est édicté dans le texte ci-dessus semble parfaitement juste et raisonnable et il semble à première vue qu'on ne peut pas demander à l'armateur et au capitaine d'être responsables pendant plusieurs jours de la marchandise après son débarquement. Si une protestation a à se produire, si le destinataire se croit en droit d'élever une réclamation, il doit le faire immédiatement ; la loi lui donne 24 heures pour cela et on pourrait craindre d'ouvrir la porte à des abus en demandant un plus long délai.

Mais nous nous retrouvons ici dans la même situation et nous avons à dire exactement la même chose que quand nous avons traité la question des connaissements, et nous nous trouvons, là encore, obligés de discuter la jurisprudence de nos tribunaux.

Quand. autrefois, il n'y avait que. des voiliers avec des ports à peine munis de quais, dépourvus de voies ferrées, d'outillage mécanique, le débarquement d'un voilier de 500 tonnes durait 15 jours, dimanche non compris. Il fallait nécessairement que le destinataire reçoive chaque colis sur le quai au fur et à mesure de son débarquement, et on comprend qu'alors la loi obligeât le destinataire à protester immédiatement avant réception, s'il avait une réclamation à élever contre le capitaine ou contre les assureurs.

Mais, à notre époque, nous voyons des cargaisons de 3/4000 tonnes jetées ou empilées sur quai en moins de deux jours avec quelquefois un travail de nuit et de dimanche qui s'opère dans des docks fermés au public. Ordinairement la cargaison est débarquée, empilée sur le quai et le navire est reparti avant que le destinataire ait pu se livrer à aucune vérification. On peut presque dire que pour le destinataire le débarquement ne commence que lorsqu'il est terminé.; ce n'est qu'à ce moment, lorsque le destinataire reçoit sa marchandise, qu'il peut la vérifier et ce n'est quelquefois qu'au bout de 10 à 12 jours, à la fin de son opération, qu'il peut s'apercevoir des dommages contre lesquels il a à protester. C'est donc à ce moment qu'il devrait lui rester 24 heures pour signifier son acte protestatif. Mais non ! Nos Tribunaux ont décidé dans bien des cas qu'il était alors trop tard ; et alors nous avons assisté pendant plusieurs années, à l'époque où nous espérions encore que les clauses d'irresponsabilité étaient nulles, nous avons assisté, disons-nous, à ce spectacle presque ridicule : Aussitôt qu'un vapeur anglais arrivait de l'Inde avec une cargaison de graines oléagineuses, chaque destinataire courait chez son huissier, et, avant même quelquefois que la cargaison eût commencé à débarquer, faisait signifier une protestation au capitaine alléguant au hasard un manquant de 500 sacs, 800 sacs, etc. Cette petite dépense de 8 à 10 francs faisait qu'au lieu de 24 heures le destinataire avait, par le fait, un mois devant lui pour reconnaître sa marchandise. Evidemment une loi qui a de pareils effets, que chacun peut éluder ou modifier en payant 10 francs, n'est plus en rapport avec notre époque et doit être retouchée. Nous pensons qu'il suffirait d'ajouter à l'article 435 : « N'est pas considéré « comme reçue la marchandise qui est encore sur les quais de « débarquement. »

MESSIEURS.

Le développement du rapport que vous venez d'écouter avec une si bienveillante attention nous permet de conclure immédiatement en vous proposant de demander aux Pouvoirs Publics :

1° Une Loi ou une modification de Loi ayant pour effet d'interdire et, en tous cas, d'annuler, aussi bien au départ qu'à l'arrivée, sur navires français ou étrangers, toute clause d'un connaissement tendant à exonérer l'armateur des fautes (sauf les fautes nautiques) de son capitaine ou de ses autres agents ;

2° L'addition suivante à l'article 435 : « N'est pas considérée « comme reçue la marchandise qui est encore sur les quais de « débarquement. »

Le 22 Octobre 1895.

Le Rapporteur,

H. TURCAT.

Ce rapport entendu la Chambre Syndicale l'adopte, le convertit en délibération et décide son impression, ainsi que son envoi, à Monsieur le Ministre du Commerce et à Messieurs les Sénateurs et Députés de Marseille.

Le Vice-Président,

G. Usslaub.